ÉLOGE FUNÈBRE

DE

MME EUGÉNIE BLOCH

PRONONCÉ

LE 13 AOUT 1885, A MOSTAGANEM

PAR M. WEIL

GRAND RABBIN DE LA PROVINCE D'ORAN

הנני לוקח ממך את מחמד עיניך

Une des familles les plus distinguées de votre ville et de votre Communauté vient d'être cruellement éprouvée : Mme Eugénie Bloch, il y a quelques jours encore pleine de jeunesse et de force, a été enlevée, après une courte maladie, à l'affection d'un époux inconsolable, à un enfant en bas âge, à l'amour d'une famille dont elle était l'idole, à l'estime de tous ceux qui l'ont connue. Rien ne pouvait faire présumer le mal implacable qui est venu la frapper d'une manière aussi terrifiante et amener une fin aussi prématurée. Mme Bloch meurt à l'âge où l'on commence seulement à vivre !

L'émotion que provoque cette catastrophe est profonde : la noble défunte laisse d'unanimes regrets, et ses restes mortels sont accompagnés par une foule nombreuse et recueillie, qui vient manifester sa vénération pour sa mémoire et ses sympathies pour les survivants. Son éloge est dans toutes les bouches, le deuil dans tous les cœurs. Heureux ceux qui emportent dans la tombe de tels regrets et laissent à leurs enfants de si touchants souvenirs !

Ainsi donc, chers amis éplorés, tant de mérites et de bonnes œuvres, vos prières et vos larmes amères, les secours de la science, rien n'a pu la sauver. Infortuné mari, vous marchez éperdu, à tâtons, comme l'aveugle privé de son appui. Hélas ! ce cœur, que la fidélité vous conservait, a cessé de battre..., ces lèvres, comme un bouton de rose cueilli depuis deux matins, ont perdu leur couleur..., cet ange de grâce et de bonté, qui comptait ses ans par les printemps, s'est endormi du double sommeil de l'innocence et de la tombe... Elle part au moment où, dans le vallon, le soleil dore le tapis de fleurs, au moment où l'avenir, comme la nature, lui souriait..., et elle ne vivra plus désormais que dans votre mémoire !

Qui pourrait décrire une pareille douleur ? מי יתן ראשי מים ועיני מקור דמעה, puissent nos yeux se changer en une source de larmes ! s'écrient tous vos parents en présence de l'affreuse vérité.

Quand vous repassez en vous, digne conjoint de cette âme d'élite, les quelques années de votre union, elles vous apparaissent comme de beaux songes tout à coup évanouis. Aux heures riantes de votre existence, elle doublait le prix de vos joies ; aux heures sombres, où, pensif, vous vous abandonniez au morne découragement, elle vous réconfortait par de douces paroles, et, comme par enchantement, l'espérance rentrait dans votre cœur abattu, et les soucis, partagés par elle, devenaient presque du bonheur. Qui vous l'eût dit, cher frère, alors qu'ayant conquis vos titres à force de labeur et de talent, par l'activité d'un esprit fécond, vous unissiez votre destinée à celle de cette digne compagne, qui vous l'eût dit, pauvre mère, alors qu'étant parvenue à faire échapper votre enfant chéri aux accidents de l'enfance, vous unissiez son sort à celui de cet excellent époux, la confiant à sa fidélité et à son amour, — et qu'ensemble vous rêviez pour elle un avenir aussi long que prospère, que ce n'était là effectivement qu'un simple rêve ?

⌘

Mais de tout ce passé, de cette créature qui aima et fut aimée, il ne vous resterait qu'un vain souvenir, cause perpétuelle de cruelles angoisses, une dépouille mortelle, morceau d'argile qui va être réuni à la terre d'où il est tiré ? L'oubli, nuit sombre où tout tombe, passerait sur ce sépulcre sur lequel nous nous inclinons? Un silence éternel succéderait à votre saint amour? C'est ainsi que se dénoueraient les plus doux liens de la terre?

Oh non ! mes amis attristés, le Seigneur miséricordieux a promis l'immortalité à ses enfants, et cette promesse n'est pas mensongère. Il en a donné le sentiment à nos consciences, et ses révélations nous l'ont pleinement confirmée. Au moment donc où, étourdis par la douleur, vous inclinez un front, couvert de ténèbres, vers ces dépouilles désorganisées, dont la poussière appelle la poussière de cette cité des morts, celle que vous pleurez jouit, au milieu des flots de lumière, des récompenses célestes réservées aux nobles vertus qu'elle a pratiquées.

Le tout n'est pas d'avoir vécu davantage, mais d'avoir bien vécu, והכל לפי רוב המעשה. Et votre admiration comme votre cœur, chers frères, sont avec nous, dans notre hommage suprême et respectueux, où nous disons qu'elle a bien vécu, cette digne sœur, laissant le souvenir d'une vie si pure. Mme Bloch, femme de cœur et d'esprit, qui réunissait une raison éclairée à la fortune et à la bonté, était estimée partout pour son caractère aimable, surtout pour sa simplicité et la générosité de son âme. D'une modestie exquise, elle se consacrait aux siens, leur prodiguant ses soins et son amour. D'autre part, sans ostentation et avec discernement, elle compatissait à la misère, et tout appel fait à sa charité trouvait un écho dans son cœur; elle sut pratiquer, comme, du reste, les autres membres de sa famille, où la bienfaisance est traditionnelle, où l'on passe la vie à faire le bien, une large générosité, qui n'eut d'égale que son extrême modestie. Ne devait-elle pas gagner ainsi tous les cœurs, la seule chose qu'ont à gagner ceux à qui la naissance semble tout donner?

Voilà, mes frères, la plus vraie, la plus puissante des consolations qu'il soit en notre pouvoir d'adresser à cette pauvre famille, précipitée si inopinément dans le plus affreux des malheurs, אנכי אנכי הוא מנחמכם, dit la haphtarah de cette semaine. Rien ne saurait être comparé aux consolations de la religion, les seules propres à aller au cœur תנחומיך ישעשעו נפשי. Inspirés par elle, nous nous persuadons difficilement que tout se réduit à quelques jours d'affection dans ce monde où il n'y a que sacrifices; nous sentons que nous avançons, les yeux baignés de larmes, sur la route qui mène à cette autre vie, la seule réelle, la seule désirable.

Et n'est-ce pas encore une véritable consolation que ce jeune enfant, legs précieux de l'être adoré? C'est sur lui, cher frère, que vous

reporterez votre affection, heureux si vous sup-
pléez à celle d'une mère. Vous élèverez son
enfance, vous cultiverez sa jeunesse, vous lui
parlerez de votre douleur, vous lui apprendrez à
chérir la mémoire de la défunte, et, après avoir
érigé sur sa tombe ce monument autrement
solide que celui de la pierre, vous attendrez avec
résignation l'heure qui vous réunira à elle.

Si donc, cher et infortuné frère, votre plaie est
profonde, elle n'est pas sans remède. La certitude
qu'Eugénie Bloch vit et la foi dans l'avenir, se
réveillant insensiblement au fond de votre âme,
vous raniment; l'espoir ferme après vous les
portes du néant. Lors même que le coup est ter-
rible, surtout sur ce pauvre enfant, privé en un
clin d'œil de son ange tutélaire, cette foi vous
soutient. Elle rassemble dans votre sein quelques
étincelles de l'âme envolée vers les cieux et vous
fait vivre en sa présence : sa jeune et brillante
image, que le regret embellit, ne cessera de res-
plendir à vos yeux. Jamais la main de cet être
bien-aimé ne vous abandonnera; ses mânes
attendris se pencheront sur vous, vous guidant
et vous encourageant.

De cette résignation aussi indispensable que
salutaire, le grand Consolateur vous tiendra
compte et il vous fera retrouver, dans cette
patrie où la douleur et les vicissitudes sont
inconnues, la belle âme qui vous a quitté.

Puisse aussi notre profonde douleur, ainsi que les nombreux témoignages de sympathie dont vous êtes l'objet de la part de vos amis de cette ville, de celle de vos amis de toute la province et de notre administration consistoriale, servir d'atténuation à votre malheur et procurer un allégement à vos peines ! Amen.

A PARIS

DES PRESSES DE JOUAUST ET SIGAUX

Rue Saint-Honoré, 338

M DCCC LXXXV

www.ingramcontent.com/pod-product-compliance
Lightning Source LLC
Chambersburg PA
CBHW051505060726
47596CB00007B/2926